DE L'ART D'ENNUYER EN RACONTANT SES VOYAGES

Matthias Debureaux

DE L'ART D'ENNUYER EN RACONTANT SES VOYAGES

Éditions Cavatines

« Les voyages, ça sert surtout à embêter les autres une fois qu'on est revenu. »

Sacha Guitry

« Ceux qui ont fait le tour du monde peuvent faire durer leur conversation un quart d'heure de plus. »

Jules Renard

Chiant qui, comme Ulysse, a fait un beau voyage. Car pour quelques bouches d'or aux récits merveilleux, combien de fâcheux et d'importuns. Combien de Carthaginois mythomanes brodant sur leur virée à dos d'éléphant. Combien de Vikings ressassant leurs viols sous les étoiles en trinquant des cornes éclaboussantes d'hydromel. Combien de chevaliers gâchant de somptueux banquets en étalant leurs croisades et leur façon très personnelle d'embrocher les Sarrasins. Combien de pèlerins de Saint-Jacques de Compostelle exhibant fièrement leurs pieds endoloris. Imagine-t-on le calvaire des compagnons de cellule de Marco Polo soumis des jours durant au feu de ses tribulations sur la route de la soie ? On ne soupçonne pas non plus le cauchemar enduré par les épouses des marins engagés aux côtés de Christophe Colomb. Une vie entière à supporter les mêmes fables.

Au XIXe siècle, le récit oral se gâte encore avec l'essor du voyage d'agrément et la naissance du tourisme. On ne voyage plus pour découvrir mais pour visiter. Des bourgeois romantiques entament leur Grand Tour. La fréquentation de l'Orient, de Florence ou des bords du Nil donne soudain un vernis mat et profond dans les cercles à la mode. Le voyage d'Italie se fait brevet d'âme sensible et lubrifiant social. Mais qu'est-ce qu'un voyageur ? « Un homme qui s'en va chercher un bout de conversation au bout du monde », répond Jules Barbey d'Aurevilly. Dès 1890, un manuel britannique de bonnes manières met en garde le gentleman : « Si vous avez voyagé, ne l'étalez pas dans votre conversation à la première occasion. N'importe qui, avec de l'argent et du temps libre, peut voyager. » Quelques années plus tard, la promeneuse Vita Sackville-West épingle le voyage comme le plus primitif des loisirs. La romancière Colette ne le croit nécessaire qu'aux imaginations courtes. Quant à Montherlant, qui a beaucoup voyagé, il n'y verra qu'une lubie de midinette.

Ceux qui ont un jour enduré le récit d'une traversée de la Yakoutie en tandem savent leur douleur. Dès son retour, le voyageur rincé d'images grandioses et de rencontres magiques n'a plus qu'une idée en tête : nous caillasser d'anecdotes, de leçons de vie et d'idéal. Il peindra les plus beaux et les plus lointains édens. Le rendez-vous sera le même : *Boring Boring*. Le voyageur dispose d'une inépuisable pharmacopée. Mais rien n'est prévu pour nous immuniser contre les récits de voyage. Il faudrait imposer une mise en quarantaine au voyageur qui revient. Tout au moins une douzaine d'heures en cellule de dégrisement. À quoi bon ? Des mois, des années plus tard, il ne perdra jamais une occasion de se souvenir. L'évocation de son odyssée est un feu de cheminée perpétuel.

Voyager n'est plus exactement un privilège ou un acte héroïque. Mais il est toujours un micro quelque part pour recueillir les bouffées d'horizon d'un saute-ruisseau multipoche. Overdose à la scène comme à la ville, cela donne lieu à d'impressionnants numéros de bravade et de cuistrerie. Du jeune couple ayant détourné sa liste de mariage pour faire le tour du monde, au Pancho Villa de la salsa à tee-shirt sans manche, chantant son baroud sud-américain, le martyre du récit de voyage déploie une palette infinie. Le nouveau jeu consiste à s'inventer un brillant alibi pour ne plus faire figure de touriste. Le faux explorateur se mirant dans ses plumes est finalement bien plus redoutable que le véritable touriste au profil bas. Mais selon l'humoriste Edward Dahlberg, la condition de ces trotte-menu ne serait-elle pas identique ? « Quand quelqu'un se rend compte que sa vie ne vaut rien, soit il se suicide, soit il voyage. »

Les naïfs accolent souvent au voyage la bienheureuse trinité « tolérance-curiosité-ouverture d'esprit ». Jules Renard souligne que les voyageurs ont changé de place, non d'idées. Quant au voyageur qui lui avouait partir pour se changer les idées, l'écrivain répliquait mielleusement : « lesquelles ? » Au chapitre des « rencontres magiques » et des « moments de grâce », des anecdotes souffrent parfois du rapprochement. Interrogé sur sa plus belle rencontre, Philippe Gloaguen, le fondateur du *Guide du Routard* s'est souvenu avoir été pris en auto-stop, dans les années soixante, par Brian Epstein, le manager des Beatles. Soit. À la même question, une jeune collaboratrice du même guide se rappelle avec émotion avoir pris en stop un policier jordanien et de conclure : « une grande expérience ! ».

Il y a mille ans, on frétillait d'empressement au retour du chevalier. Aujourd'hui, on débranche son téléphone. Rien n'est finalement plus prévisible qu'un récit de voyage. Quelques leçons suffisent pour apprendre à mettre au supplice ses amis et connaissances. Bienvenue à bord de la navette du *poncif operator*. Voici le petit manuel du parfait *exploraseur*. Ou comment passer maître dans l'art d'appliquer avec douceur le bâillon chloroformé de ses aventures.

***

Dans l'avion du retour, ruminez les meilleures anecdotes de votre voyage et prenez votre voisin de siège pour cobaye. Harponnez-le avec l'histoire de l'éléphant qui a déclenché un embouteillage à New Delhi ou celle des petits singes de Singapour qui ont tenté de dérober une banane dans votre sac à dos.

À l'atterrissage, faites fi des consignes du personnel navigant et commencez à pilonner votre entourage au téléphone pour annoncer votre retour. Passez en revue l'intégralité de votre répertoire et profitez de l'excitation pour raconter les premières anecdotes en leur donnant un gage de fraîcheur. Puis laissez les souvenirs se télescoper en attendant vos bagages. Le soir même, organisez une prise d'otages pour le récit intégral. Appâtez-les en promettant une avalanche de cadeaux.

Prolongez votre voyage en le racontant. Cette occasion de briller et de susciter infailliblement l'admiration de tous est aussi un formidable retour sur investissement dans le cas d'un périple coûteux. Également l'économie d'un billet d'avion pour votre auditoire. À chaque nouvelle rencontre, une nouvelle chance de se mettre en valeur. Un nouveau retour.

Faites de votre exposé une offrande lyrique. Le monde titube en vous. Présentez-vous comme un passeur de rêves et de routes, un baladin des steppes, un ténor de l'Ailleurs ou l'héritier d'une longue lignée de conteurs remontant à Hérodote. Ce statut d'ange vagabond prouve que vous n'êtes pas égoïste. Contrairement à vous, tant d'autres n'auront jamais le courage de tout plaquer pour le grand saut. Pour vous montrer ouvert, interrogez aussi vos auditeurs sur leur petite vie grise durant votre absence.

N'ayez de cesse de narrer votre voyage pour progresser et peaufiner jusqu'à la perfection votre compte rendu. Un bon récit s'adapte comme un sac à dos à toutes les situations. Vous n'imaginez pas les progrès que vous pourrez faire en saisissant toutes les occasions de le raconter. Peu à peu le récit s'organisera afin de rendre palpable l'émotion. N'hésitez pas à conter sans fin les mêmes anecdotes jusqu'à les tailler comme des diamants. Laissez des blancs pour les réactions. Par politesse, à chaque fois qu'un nouvel invité survient, reprenez votre récit depuis le départ. Les premiers arrivants pourront ainsi réentendre les passages durant lesquels ils n'étaient pas très attentifs.

N'attendez jamais que l'on vous questionne pour relater un voyage. Il faut surprendre et provoquer la bonne occasion en dirigeant la conversation. Procédez par association d'idées. Utilisez l'actualité ou profitez d'un effluve de jasmin ou de chèvre mouillée, d'une lampée de cocktail exotique pour évoquer vos campagnes dans un pays lointain. Une recette appréciable consiste à insinuer sur un air badin un propos tel que « c'est comme l'Afrique, ça ne se raconte pas… » afin d'exciter la curiosité de votre auditoire.

Phosphorez dans les banquets. Accaparez l'attention lors d'un événement un peu exceptionnel comme un anniversaire ou le mariage d'un ami, surtout si vous êtes placé à la table d'honneur. Au restaurant, évoquez haut et fort vos multiples chevauchées dans les steppes d'Asie centrale. Les oreilles furtives pourront ainsi bénéficier de votre expérience.

Si vous êtes timide, entraînez-vous dans les bars de rencontres pour voyageurs. Inscrivez sur un badge le nom d'un pays où vous avez séjourné plus de trois jours et attendez les questionneurs pour délivrer votre expertise. N'oubliez pas non plus, après chaque retour, d'inscrire le nouveau pays visité dans la rubrique Divers de votre curriculum vitae.

Soyez intarissable et intimement convaincu de captiver vos amis. Allongez votre temps de parole à l'infini. Il n'y a pas de temps imparti pour un récit qui se mérite. Inscrivez-vous dans la durée. Comme il faut du temps pour visiter et approfondir un pays. Il est nécessaire de brasser beaucoup de souvenirs pour une pépite. Les auditeurs peuvent bien patienter après les épreuves que vous avez endurées. Eux n'ont pas eu à supporter les traitements contraignants contre le paludisme, les vaccins, le décalage horaire, la fatigue, les ampoules, les pickpockets, les attentes interminables. Sans parler des risques de bilharziose ou de thrombose veineuse, plus connue sous le nom de « syndrome de la classe économique ».

Ne faites jamais de plan pour construire votre récit. Privilégiez l'exaltation, le jet continu, l'enthousiasme contagieux et le feu sacré. Préférez le torrent verbal à l'ordre émollient des idées. Perdez le fil, car c'est cela aussi l'aventure. Le vrai voyageur n'a pas de plan établi. Si vous avez franchi une frontière, considérez-vous comme une autorité pour aborder tous les sujets liés à cette incursion. Et surtout, débordez en opérant toutes les digressions imaginables. Des grandes questions géopolitiques aux petits travers insolites des peuples visités.

Égarez la trame de votre récit dans une forêt de détails capitaux : les difficultés à faire garder votre varan des steppes durant votre absence, la rupture de stock de semelles anti-transpiration la veille de votre départ, les procédures de détaxe à l'étranger, les conditions d'achat de vos billets d'avion ou les problèmes d'attribution de points *miles*. « Dieu est dans le détail », proférait Mies van der Rohe. N'épargnez rien du quotidien. Dans les dîners, dépeignez patiemment les différentes classes et l'état de propreté des toilettes publiques en Chine.

Favorisez la leçon d'histoire. Profitez de votre récit de voyage pour instruire vos amis en énumérant une foule de divinités ou en récapitulant depuis le commencement les grandes dynasties mésopotamiennes. « L'auditoire est une mule qu'il faut charger à ras bord », aimait à rappeler le célèbre pédagogue Dale Carnegie.

Propagez votre définition du voyage. Inventez des proverbes tibétains ou reprenez des citations célèbres sur le modèle de « voyager c'est... », « ... parler avec des hommes d'un autre siècle », « ... mourir un peu », « ... une grande claque à l'intolérance », « ... réapprendre à être humain », « ... un acte de goûteur », « ... une grande introspection... »

Distillez une sensation de profondeur dans votre voyage. Évoquez davantage le parcours initiatique, l'aventure humaine, la quête sentimentale, la révélation du secret intérieur, la philosophie d'arpenteur. Tenez votre auditoire par la puissance du verbe : vous partez pour vous « emplir du monde », « appréhender l'âme d'un peuple » ou « apprivoiser l'Ailleurs ». Concluez, qu'en définitive, même le voyage le plus lointain est toujours le plus court chemin vers son être essentiel. Son *moi* authentique. La *terra incognita*, c'est vous-même.

Notifiez votre vocation très précoce d'aventurier. Comme Rudolf Noureev, vous êtes né dans un train. Votre mère vous portait sur son dos comme les bébés inuits. À huit ans, vous avez lu les œuvres complètes de

Joseph Conrad sous les draps, à la lampe pigeon par nuit de tempête, dans une maison de pêcheur exposée à tous les vents. Enfin, votre destinée s'est imposée comme une évidence après des vacances familiales en camping-car dans le marais poitevin.

Dénigrez les touristes. Fouettez la « bronzaille ». Martelez que vous préférez voyager « intelligent » et marquez bien votre distance avec le visiteur moyen qui est transporté avec ses certitudes et sa peur panique d'être déstabilisé. Dites que dans le voyage rien, ni personne n'est définitif. Ayez en mémoire une formule choc pour exprimer la différence entre le voyage et le tourisme : c'est comme faire l'amour et se faire une pute.

Clamez votre soif de l'autre. Vos intentions premières : venir à la rencontre des populations et les voir dans leur authenticité. Préférez toujours la pâte humaine au calcaire stérile des monuments et ne jurez que par l'immersion totale. Après une semaine de plongée à Patmos, considérez-vous à moitié grec. Même si vous n'avez trouvé pour compagnons de discussion qu'un informaticien luxembourgeois et un étudiant en comptabilité du Mans, exaltez votre relation fusionnelle avec le pays : « Je suis venu en Inde, je reviendrai pour les Indiens. »

Précisez que vous voyagez « comme les locaux ». Vous prenez le bus « comme les locaux ». Vous achetez des billets de quatrième classe « comme les locaux ». Vous mangez « comme les locaux » et vous faites popo « comme les locaux ». Dévoilez vos petits secrets de camouflage et de confort pour vous fondre dans le paysage. Une tenue de trekking, une boîte de talc par chaussure et un masque vénitien en papier mâché pour aller sur les traces de Lord Byron à Venise.

Montrez-vous plus berbère que les Berbères et évoquez ce petit village marocain aux coutumes bien vivaces devenu votre port d'attache. Exposez la facilité avec laquelle vous avez été adopté, puis traité à l'égal des natifs du pays par le chef du village, les pêcheurs et le guérisseur. Refusez catégoriquement de divulguer le nom du village de vos « nouveaux parents » afin de le préserver du tourisme de masse.

Faites mouche avec cette citation du rédacteur en chef du *Guide du Routard* : « Ce n'est pas une rencontre qui fabrique un voyageur, mais la pelote de ce fil infiniment tiré de la vie, amalgame étrange de matériaux composites issu de multiples rencontres, comme le nid d'un oiseau qui part loin choisir tout ce qu'il peut pour fabriquer un chez-soi à peu près en cohérence avec ce qu'il est, ce qu'il croit. »

Relatez les coïncidences. Rendez compte dans les moindres détails d'une rencontre avec votre facteur dans une station d'essence espagnole, en ménageant un suspens pour accrocher puissamment l'auditoire.

Sélectionnez un moment de grâce par pays. Comme cette bouleversante rencontre avec un berger aveugle de l'Atlas, ce yogi qui vous a offert un thé à l'eau du Gange au lever du jour, cette vieille Mexicaine qui vous a décrit les étoiles une nuit entière ou encore ce cours de sarbacane donné par un Orang Asli en Malaisie. Confiez qu'il n'y avait nul besoin de parler la langue : la communication était basée sur des regards et des sourires.

Réhabilitez le mythe du bon sauvage. Ne tarissez pas d'éloges sur la gentillesse de la population locale. Une gentillesse qui se voit dans le regard. Des êtres terriblement attachants, pleins de joie de vivre, agréables et disponibles pour les discussions, très dignes dans leur misère et qui ont un grand nombre de leçons à donner à nos sociétés dites « développées ». Osez les métaphores : « Aux Philippines, les gens ont des papillons de bonheur sur l'épaule. » Puis confessez que c'est quand même autre chose que la tête des gens dans le métro.

Insistez sur l'hospitalité légendaire de la population locale. Valeur applicable à beaucoup d'endroits car rares sont les pays où l'on est accueilli à coups de trique. Au contraire, les locaux ont témoigné d'une insatiable curiosité à votre égard : « Where you from ? What your name ? First time in ... ? » Même si vous avez été poursuivi par des faux guides ou entendu que des « Taxi Mister ! » sur votre passage, remémorez ces embuscades du cœur. Ce sont autant de bras qui se tendent vers votre auditoire.

Offrez quelques clés pour mieux appréhender la connaissance des peuples : les Italiens adorent les enfants, les Cubains ont le sens de la fête ou les Russes ont une bonne descente.

Rappelez à vos amis combien vous manquent vos « vrais amis » du bout du monde. Ces Mongols (ou « fils du vent »), ces griots du Mali ou ces Peuls dont vous avez réussi à intégrer parfaitement toutes les émotions et les valeurs. Des êtres d'une quiétude formidable qui font des merveilles avec trois gouttes d'eau et vous permettent de remettre les pendules à l'heure. Annoncez votre intention de demander la nationalité de votre pays de cœur de manière à vous sentir plus proches de vos amis. Évitez de choisir la Suisse et optez de préférence pour un État de la Corne de l'Afrique.

Réalisez un casting impitoyable. Choisissez de vrais gens et des petits métiers perpétuant des traditions centenaires (ermites des taïgas, sherpas du Khumbu, éleveurs de yacks) en feignant de croire que les huissiers de justice et les agents d'assurance n'existent pas à l'autre bout du monde. Rappelez la joie de vivre du berger dropka des hauts plateaux, la patience du nettoyeur d'oreilles de Bombay ou le rayonnement de la vendeuse de fruits de Phnom Penh mais jamais celui du guichetier qui a changé vos travellers chèques.

Persillez votre récit de sérénité en donnant à voir des visages de vieilles femmes à la peau de parchemin, de vieux muletiers ou le dernier trappeur avec qui vous avez partagé de la viande crue gelée et de la vodka au petit-déjeuner. Entretenez des légendes fascinantes contant que la mer coule dans le sang des habitants d'une île lointaine. Relatez les interminables plages de silence en compagnie des chamans en expliquant bien que là-bas le silence est symbole de fête.

Célébrez la beauté des enfants quel que soit le pays. Le sourire d'un enfant n'est-il pas la plus belle image du bonheur, le langage le plus universel ? Sur votre route, vous aurez pensé à emprunter un nouveau-né pour lui donner le biberon le temps d'une photo.

Divulguez vos secrets pour démasquer une ville. Jamais de plan. Vous adorez vagabonder, errer, fureter au hasard des ruelles et rôder la nuit, là où la police n'ose plus s'aventurer. Arguez invariablement que c'est une ville qui se mérite. Prétendez qu'il vous faut moins de vingt-quatre heures pour vous faire de vrais amis dans une capitale. Vous demandez aussi à un bon chauffeur de taxi des endroits où personne ne va. Puis barmans et marginaux achèvent de vous dévoiler la ville dans la nuit. Le lendemain de votre arrivée, vous avez votre rond de serviette au cœur d'une favela.

Signalez les marques indélébiles laissées par votre passage. Vous êtes parvenu à stupéfier le vieux chasseur d'alligators par votre audace et, des années après, dans ce village togolais, on doit encore évoquer votre exceptionnelle endurance au djembe.

Louez l'exclusivité. Flattez-vous de n'avoir rencontré personne dans les corridors touristiques. Comme ce 15 août où la fontaine de Trevi n'a coulé rien que pour vous. Tentez la même histoire avec les pyramides d'Égypte et le temple d'Angkor.

Égrenez les destinations frissonnantes comme le Nicaragua, Salvador ou Haïti. Omettez de préciser que vous avez donné votre code confidentiel de carte bleue à de faux policiers dans la première demi-heure de votre arrivée à Bogotá. Préférez ébruiter qu'il vous est arrivé de côtoyer des truands colombiens.

Inventez-vous une guerre. En effet, vous n'oublierez jamais le regard brûlant de cet adolescent en treillis qui vous a pointé avec sa Kalachnikov et vous a sans doute pris pour un espion. Avec une bière de trop, tout aurait pu basculer en quelques secondes. Même si vous êtes arrivé après toutes les batailles, toutes les révolutions et tous les coups d'État, usez d'une métaphore guerrière telle que j'ai « fait » la Thaïlande, le Vietnam ou le Liban. Laissez filer un doigt sur la mappemonde comme Napoléon lisait la Bible en précisant tous les endroits où il avait vaincu.

Dramatisez et contez tout ce qui « a failli » vous arriver de manière à mettre en valeur les risques encourus durant votre long périple. Reprenez à votre compte et exagérez les mésaventures survenues à d'autres voyageurs.

Réappropriez-vous l'actualité. Retracez la matinée du 11 Septembre 2001 où vous preniez un brunch dans un restaurant tournant situé au sommet d'une tour de Montréal. Rappelez avec quel sang-froid vous avez appris la nouvelle des attentats et réprimé un début de panique autour de vous.

Rapportez comment vous avez utilisé vos RTT pour aller sur les traces de Lawrence d'Arabie. Ayez soin d'élire des personnages à votre mesure : Alexandre le Grand, Hemingway, Gauguin, La Pérouse ou Magellan (même si les traces sur la mer sont les plus délicates à retrouver). Tout l'art de réveiller les morts en endormant les vivants.

Ne négligez pas l'exploit sportif. Vantez-vous d'avoir transpiré sur tous les continents, mettez des *ing* à toutes vos activités (*canyoning, train surfing, sky jumping, birding* ...) et recommandez le saut à l'élastique du haut des pyramides. Reportez-vous à la rubrique Sports et activités diverses du guide australien *Lonely Planet* qui expose comment pratiquer le deltaplane en Iran, l'haltérophilie à Prague, l'aviron à Florence et le badminton en Moldavie.

Trouvez un bon alibi et jouez la carte du touriste professionnel (ou de l'explorateur amateur). Mettez en avant un « mode exploratoire », une « méthodologie » sous le prétexte d'une quête scientifique. Exprimez votre souhait de faire un jour de l'ethnologie en Patagonie. Passionnez-vous pour l'étude de l'euphorbe du Niger, plus connu sous le nom d'« arbre à couilles » ou la recherche d'un animal introuvable de dix mètres de long avec un cou de girafe et une queue de serpent se lovant dans les marécages du Congo comme le Mokele Mbembe. En guise de caution chic, mentionnez que vous pratiquez aussi l'ethnologie sensorielle.

Révélez comment germent vos projets de voyage. Vous avez envoyé une fléchette sur un planisphère pour choisir votre destination, ou alors plus *cash* : « J'avais mille euros en poche, deux mois à tuer et envie d'en prendre plein la gueule ! »

Affichez de quoi vous êtes capable. Comme de vous priver d'un Noël en famille pour partir quinze jours sur un cargo. Stipulez que les traditions et servitudes occidentales ne couvrent jamais l'appel du grand dehors.

Puisez des idées de voyage dans votre collection complète de cassettes vidéo enregistrées de l'émission « Faut pas rêver ». Autant de reportages captivants sur les courses de baignoires au Canada, les croisières en morutier de la Baltique, les foires aux ânes d'Ulan Bator, les veillées funèbres de Rodrigues, les chants de gorge esquimaux, la peinture sur crâne dans les mines de sel, les carnavals de bûcherons des Carpates ou les concours de sculpture sur radis géants au Mexique à la veille de Noël.

Nommez l'oisiveté autrement en répétant votre spongieux leitmotiv : « imprégnation ». Un terme plus savant et valable pour les paysages, la culture, les gens, le climat. Précisez que la véritable imprégnation se produit dans les périodes d'ennui.

Prenez la route en side-car, en corbillard ou tout nu comme le marcheur britannique Stephen Cough. Songez à une traversée du désert du Ténéré en skateboard ou à un tour du monde en moissonneuse-batteuse. Louez le point de vue original de ce mode de transport pour s'imprégner des paysages et provoquer un mouvement de sympathie immédiat au sein de la population. Dans l'espoir d'être invité à la radio, projetez de battre un record original comme celui de Kurt Osburn qui a parcouru 4 569 kilomètres à vélo en roue arrière.

Magnétisez l'atmosphère collective par un éloge de la lenteur et de la nonchalance. Fustigez l'anesthésiant confort des vols climatisés et célébrez le bateau, les vieux trains ou les traversées à dos d'âne qui font éprouver les distances et retiennent la fuite du temps. En outre, cela donne l'illusion d'aller plus loin que les autres. Mais vous n'avez pas toujours le choix. Achevez ainsi en vous excusant platement de prendre l'avion.

Placez finalement la marche au-dessus de tout pour appréhender le chant du monde. Elle est reine pour récolter la moisson des sourires qui tuent et sentir battre le cœur d'un pays. Le plaisir et l'agrément sont pour le touriste.

Jouez à armes égales avec la nature et regardez le monde droit dans les yeux. D'homme à homme. À la loyale. Votre goulag en bandoulière, votre bagne en sautoir. Faites partager les tendinites, les ampoules, les irritations aux cuisses, les abcès aux doigts et orteils (autrefois surnommés « maux d'aventure »), les allergies aux textiles, le montant des kilos perdus, le scorpion dans la chaussure au petit matin et surtout l'orgueil d'avoir été seul dans un rayon de trois cents kilomètres.

Comme dans le journal d'Andy Warhol, déclarez le montant de chaque dépense. Détaillez les prix dérisoires (en « doll' » pour faire cool) de vos repas, coupes de cheveux, nuits d'hôtel ou de vos souvenirs « coup de cœur » telle cette paire d'espadrilles guatémaltèques acquise pour le prix d'une glace. Cela prouvera votre aptitude à vivre comme les locaux et votre remarquable sens des affaires.

Déplorez la détresse économique dont vous avez été témoin en ajoutant que la dévaluation soudaine de trois cents pour cent vous a permis une orgie de gambas et des survols en hélicoptère pour le prix d'un carnet de tickets de métro. Dénoncez aussi les abus : l'Islande où le Big Mac est le plus cher du monde.

Déclarez le contenu de votre sac à dos. Une flûte de paon, un poignard, un hamac, une bombe à ours et quelques slips suffisent pour l'essentiel. Vous préférez vous déplacer le plus léger possible. En général, vous achetez des vêtements sur place quand vous n'avez pas laissé des affaires chez des amis, aux quatre coins du monde.

Intégrez sans modération vos compagnons de voyage et abreuvez votre narration des petits déboires de Steph et Manu, Seb et Véro, Fred et Anne-So. Les diminutifs vont rendre vos compagnons instantanément familiers aux personnes qui ne les connaissent pas.

Abusez d'abréviations comme DAB pour distributeur automatique de billets. Et apprenez par cœur toutes les codes en trois lettres des aéroports du monde entier (PEK pour Pékin, BKK pour Bangkok, LAX pour Los Angeles, KIX pour Osaka, HKG pour Hong-Kong, MEX pour Mexico, RIO pour Rio...).

Démarquez-vous en dénigrant les médias. Au sujet d'un pays, prétendez assidûment avoir eu un aperçu radicalement différent de celui véhiculé par les journaux télévisés. La presse exagère tout et vous n'avez pas ressenti la moindre hostilité durant votre voyage. Votre seule règle : la réalité.

Étourdissez l'auditoire avec vos conquêtes. Faites carillonner des appellations sonnantes et trébuchantes : Terre de feu, Machu Picchu, Mato Grosso, Borobudur... Si vous êtes à cours de souvenirs, murmurez vos rêves : passer le nouvel an au Tibet, nager avec des tortues aux Galápagos ou cueillir la plus grosse fleur du monde à Bornéo.

Prétendez, en bon défricheur d'espaces, avoir lancé la vogue d'un pays. Revendiquez sa découverte bien avant l'arrivée des hordes de touristes. Concluez en regrettant que vous ne le reconnaissez pas aujourd'hui et n'y retrouvez pas l'énergie et la fraîcheur d'antan.

Usez de périphrases et n'appelez jamais un lieu par son nom. Exprimez-vous comme un prospectus d'agence de voyages. Ne dites pas la Malaisie mais le « pays du sourire ». Ne parlez pas du Cambodge mais du « pays des francs sourires et des rires mélodieux ». Ainsi Venise sera « la Sérénissime », « la jolie fiancée de l'Adriatique », « la patrie des brumes », « la Vénus des villes », « la ville nénuphar » ou « la grande séductrice envoûtante ».

Festoyez de comparaisons. Un lieu vous rappelle toujours un précédent voyage. Une montagne vous évoque un gratte-ciel et un fleuve vous fait penser à un périphérique de Los Angeles. Le Caire vous rappelle New York. Énumérez les « Paris de l'Est » (Bucarest, Prague, Budapest), les « Paris de l'Amérique » (San Francisco, Denver, Chicago, Buenos Aires), ou encore le Paris de la Sibérie (Irkoutsk), de la Méditerranée (Athènes) et de l'Afrique (Abidjan). On compte également pas mal de Saint-Tropez du côté de la Tunisie et du Maroc.

Apprenez par cœur la géographie des Venise. Quelques points d'eau ou un micro canal suffisent pour mériter cette appellation non contrôlée décernée par les offices de tourisme du monde entier :

– dix Venise d'Afrique (Djenné, Mossaka, Fès, Maarif, El Gouna, Mopti, Bangui, Ganvie, Niono, île de Zanzibar) ;
– huit Venise de l'Amérique (Houma, San Antonio, Fort Lauderdale, Miami, Paseo del Rio, Lowell, Cape Coral, Venice) ;
– sept Venise du Nord (Bruges, Giethoorn, Amsterdam, Saint-Petersbourg, Stockholm, Henningsvaer, Hambourg) ;
– cinq Venise de l'Orient (Bangkok, Bassora, Ayutthaya, Shanghai, Pékin) ;
– trois Venise de l'Inde (Allepey, Srinagar, Udaipur) ;
– deux Venise du Canada (Vancouver, Boucherville) ;
– deux Venise du Japon (Yanagawa, Osaka) ;
– une Venise du Golfe (Dubaï).

Et parmi la cinquantaine de Venise françaises :
– trois Venise de l'Ouest (Nantes, La Ferté-Bernard, Redon) ;
– deux Venise du Bocage (Aubigny, Nesmy) ;
– deux Venise de la Savoie (Annecy, Chambéry) ;
– une Venise de l'Est (Port Saint Marcel), sans oublier la Venise du Périgord (Brantôme), la Venise du Gâtinais (Montargis), la Venise de la Côte d'Azur (Port Grimaud), la Venise de France (Perpignan), la Venise de la Brie (Crécy), la Venise du Sud-Ouest (Bordeaux), la Venise du Doubs (Ornans), la Venise de Picardie (Amiens) et les Venise du Sud à poignées.

Soyez vif. Entraînez-vous à résumer tout à trac une ville en trois images. Ex : « New York pour moi ? Tour de Babel, jogging, gospel. » Puis brodez autour de mots-clés comme « cosmopolitisme », « mosaïque » ou « brassage ethnique ». Des termes superposables à la cuisine, la musique, la culture ou la population.

Dans le même récit, faites impression en citant à plusieurs reprises le véritable nom poétique de Bangkok qui est aussi la désignation de lieu la plus longue du monde : Krung thep mahanakhon bovorn ratanakosin mahintharayutthaya mahadilok pop noparatratchathani burirom udomrat chanivetmahasathan amornpiman avatarnsathit sakkathattiyavisnukarmprasit.

Constellez votre propos d'images littéraires et recyclables puis attribuez-les à Goethe. « C'est une ville qui porte en elle le sentiment de l'inéluctable qui attise la passion. » « Sa topographie nous renvoie à notre espace intime. » « Là-bas, tout fait sens. » « Un grain de beauté sur la fesse du monde. » Ou encore ce must : « C'est sur les pages blanches de ses eaux que Venise tisse la toile de son indispensabilité. »

Féminisez les lieux. Révélez une ville comme une femme dont on devient amant : « C'est la diva d'un opéra d'eau et de pierres. On n'épuise jamais les sortilèges de cette séductrice aux multiples visages. »

Déclarez votre flamme pour le fascinant mélange de tradition et de modernité. L'argument est pratique car peu de capitales échappent à cette règle. Profitez de l'occasion pour montrer l'une de vos photos préférées représentant un petit âne bâté à côté d'une moto japonaise. Ainsi êtes-vous tombé en amour pour ce pays tout en devenir.

Maniez un langage simple et de bon sens à la portée de tous. Les plus beaux moments d'éloquence viennent parfois des mots les plus rudimentaires. Pour dépeindre un paysage, limitez vos extases et vos impressions d'immensité à trois ou quatre adjectifs comme « grandiose », « superbe », « impressionnant » ou « à couper le souffle ». Des paysages en harmonie avec ce que vous êtes. Employez des expressions comme « vaut » ou « mérite le détour ». Évoquez invariablement la « ville grouillante » et « la nature exubérante ». Mais le code de ralliement sera le terme « sympa », très efficace pour définir un peuple, un parc, un continent, un chef-d'œuvre du quattrocento ou un fromager sicilien.

Attardez-vous longuement à décrire les odeurs et les lumières. Dissertez sur les capiteuses senteurs d'épices et la lumière de Marrakech qui change à chaque heure de la journée.

Péchez par omission afin de ne pas décevoir. Oubliez de mentionner la présence de distributeurs de billets sur l'île de Pâques. Ou de préciser que la majorité des habitants de l'île de Robinson Crusoé, l'archipel de Juan Fernandez, ont la télévision.

À table, racontez vos grandes émotions culinaires. Le chien mariné à la crème de coco en Indonésie, le ragoût de tortue au Mexique, les pattes d'ours farcies en Roumanie, la langue de renard au Japon, le potage de chrysalides de ver à soie au Vietnam, les souris à la crème en Antarctique, le pâté de perruche en Australie ou les chauve-souris au four des îles Samoa. Gardez pour le dessert les raffinements de la cuisine chinoise comme ces coqs vivants que l'on fait danser sur des plaques brûlantes avant de déguster la délicate pellicule laissée par les pattes des volatiles.

Rapportez tout à votre voyage et partagez votre spleen au quotidien : boudez le meilleur poulet Tikka Massala d'Île-de-France en le comparant sans fin avec celui que vous avez dégusté sur un bout de trottoir à Bombay.

Mettez en ligne votre journal de bord. Cela vous occupera pendant votre périple et permettra d'entamer les réjouissances bien avant votre retour. Racontez vos vacances avec votre cœur, sous la forme d'une petite rédaction scolaire. Misez d'abord sur un bon titre comme « Philou en balade », « Les aventures de Seb et Béné » ou recyclez des titres de films comme *Il était une fois en Amérique*, *Out of Africa*... Soignez votre accroche comme un décollage : « Ça y est, c'est le grand départ, après six mois de préparatifs pour ce tour du monde, je m'envole... » Le blog de voyage, c'est la soirée diapos qui dure six mois.

Partagez votre désœuvrement. Informez votre entourage de tous vos faits et gestes en temps réel. Contez par exemple les difficultés à trouver un café Internet dans certaines contrées. Consignez des bulletins météo et délivrez avec rigueur vos horaires de déplacements. Rapportez les temps de parcours en bus, les attentes dans les gares routières, les réveils avec le soleil, les sommeils difficiles à proximité des relais électriques, les visites de ruines antiques et de musées de sculptures sur ivoire de morse, les Bouddha couchés et assis, les rochers en forme d'animaux ou de champignon.

Balancez vertement les noms des proches qui ne laissent pas de message et ne commentent pas régulièrement votre carnet de route.

Imitez la rhétorique du *Guide du Routard*. Fleurissez votre compte rendu de « rien que ça ! », « il fallait y penser ! », « pas folle la guêpe ! », « véridique ! », « lecteurs gourmands, à vos marques, prêts... ».

Pratiquez l'humour familial en plaisantant sur le Yéti ou le monstre du Loch Ness que vous n'avez toujours pas croisé. Soyez drôle : « Au Chili les saisons sont inversées, mais ils ne marchent pas la tête à l'envers ! ». Et osez les légendes frissonnantes : « C'est impressionnant, un rhino qui vous regarde droit dans les yeux. »

Abreuvez les lecteurs d'informations parfaitement inutiles là où ils sont. Enseignez-leur comment dire bienvenue en zaparo ou comment trinquer en finnois. Notifiez toute autre marque de gentillesse qui se prononce les mains jointes en s'inclinant.

Tel un circumnavigateur, tracez en pointillé l'évolution de votre parcours sur une carte du monde. Parlez comme une boussole affolée en évoquant une « progression vers le nord », un « cap sur l'ouest » ou une « descente vers le sud ».

Pratiquez la mélancolie panoramique en téléchargeant des photos de paysages à 360°. Mettez-vous en situation à dos d'éléphant, sous l'eau, ou hagard à la sortie d'une yourte. Montrez des autoportraits en compagnie de votre nouvel ami. Et les soirs de grande solitude dans la taïga, entraînez-vous vaille que vaille à sourire à l'objectif.

Soyez créatif. Intégrez dans votre blog des extraits sonores de votre odyssée : cris d'animaux, bruits de pas dans la forêt vierge, méditations de chamans, tintements de bocks de bière ou déglutitions de crapauds-buffles. Songez dès maintenant aux diffuseurs informatiques d'odeurs qui seront un jour en circulation.

Comme les grands alpinistes et les astronautes, transmettez régulièrement vos bilans de santé. Détaillez les symptômes amusants des maladies attrapées en voyage, mais aussi l'évolution de votre forme gastrique ainsi que les quantités d'Imodium et d'Ercéfuryl ingérées. Pour vérifier que l'on tient à vous, inquiétez vos proches. Faites allusion à quelque chose de grave sans plus de détails et ne donnez plus de nouvelles pendant plusieurs jours.

Spammez également votre entourage avec de larges extraits de votre journal de bord. Veillez à bien envoyer vos mails à l'adresse professionnelle de vos amis. Car vos nuits en Transmongolien sont plus belles que leurs jours ouvrés. Comme la secrétaire envoie des cartes postales des tropiques pour morfondre ses collègues attachés à leur piquet. Grâce à la technologie, ce seront cette fois des cartes postales de trois mille mots.

Une image valant mille mots, rapportez dix mille images. À chaque voyage, déclenchez un raz-de-marée numérique et tentez de rattraper la production bimensuelle de l'agence Sygma. Oubliez les cadrages sophistiqués et privilégiez les sujets emblématiques : la jonque sur fond de buildings à Hong-Kong, les vieilles voitures américaines à Cuba, les ersatz de Renault 12 à Bucarest ou les maisons victoriennes aux couleurs pastel à San Francisco.

Réinventez le charme des soirées diapos. Proposez un diaporama en fondu enchaîné sur le petit écran de votre ordinateur portable en tâchant de réunir le plus grand nombre de personnes dans les positions les plus inconfortables. Cela rappellera les conditions parfois difficiles des transports dans certaines contrées lointaines. Faites miroiter des clichés de barrières de corail pris avec votre téléphone portable pour raviver à tout moment une soirée sur le déclin. Par ailleurs, libre à vous d'organiser dans la cave d'un ami une exposition de tirages originaux intitulée « Portraits d'hommes et de femmes dans les rues de Baden-Baden ».

Imposez aux invités votre carnet de voyage « multi-expressions ». Un objet plus authentique qu'un album photos. L'épais cahier en papier de riz relié d'une couverture aspect tabac servira de vide-poche. Collez-y des tickets de bus, des emballages de barres chocolatées, des moustiques séchés autour d'aquarelles approximatives délavées par quelques gouttes de transpiration.

Dégagez une impression de plénitude et de force tranquille. Apprenez à rayonner comme le soleil d'où vous venez et travaillez le solfège de la voix. Ayez l'air dépositaire d'une nouvelle et grande sagesse orientale, principalement si vous rentrez d'Asie. En bout de table, entre de longs flottements et d'amples aspirations méditatives, révélez quelques matrices de la civilisation qui vous a happé. Un récit réussi, c'est la température qui monte de dix degrés.

Optez pour une posture qui a fait ses preuves en contant vos aventures. Le coude sur une cheminée Pompadour, les mains en prière au-dessus d'un tajine d'agneau. En position assise, prenez du recul et laissez pendre nonchalamment un bras sur le côté. Laissez flotter une pointe de mélancolie dans le regard comme si votre pupille avait retenu quelque chose de l'infini contemplé, et regardez fréquemment en direction de la fenêtre pour authentifier votre besoin de liberté.

Soyez tactile. Un récit de voyage doit être une fête des sens. Laissez déborder votre chaleur humaine en saisissant épaules et poignets de votre auditoire. Insérez des dialogues, imitez les accents locaux et mimez les scènes. N'empêchez jamais vos mains de vivre, surtout si vous revenez d'un pays où l'on parle avec les mains.

Si un fâcheux cherche à vous interrompre en racontant son propre voyage, opérez une surenchère. Pointez gravement les manquements de son parcours, tel ce joyau de temple accessible à trois heures de marche dans une zone marécageuse ennuagée de moustiques.

Insinuez perpétuellement votre amour du voyage. Fredonnez incidemment des airs traditionnels, des hymnes nationaux, des chansons comme Hotel California ou Ambalaba et des textes tel que « Asimbonanga Asimbonang'u Mandela thina Laph'ekhona Laph'ehleli khona ». Vous gagnerez aussi à manipuler instinctivement un petit grigri ancestral afin d'éveiller la curiosité.

Arborez tambourin et barbichette. Laissez raconter votre corps : dreadlocks véritables, tatouages maoris, piercings avec des ossements d'animaux exotiques, traînée de piqûres d'araignée et mollets en jachère pour les filles. Ne quittez plus votre dent de crocodile montée en collier ou ce bracelet en poil d'éléphant légué par un policier népalais aux yeux en amande.

Négligez votre hygiène pour raconter la savane. Les premiers jours de votre retour, conservez la tenue dans laquelle vous avez voyagé afin de faire humer l'air du large. Ce parfum d'aventure ajoutera une touche de réalisme à votre récit. Le gel-douche abricot est bon pour les touristes.

Faites tressaillir vos devises étrangères. Réglez distraitement votre boulangère avec des pièces d'un autre continent quand vous rentrez juste de voyage. Au restaurant, laissez des pourboires avec la même monnaie pour faire des économies.

Montrez-vous généreux. Soutenez l'artisanat local et rapportez des présents du cru comme des housses de téléphone portable en macramé âprement marchandées. Le prix des cadeaux n'a que peu d'importance. Au vu de la pauvreté dans le monde, vos amis auraient mauvaise grâce à faire les enfants gâtés. Offrez des cassettes pirate de musique folklorique à base de biniou ou de tout autre fifre, cliquette ou bouzouki en martelant qu'il y a là de la graine de « tube ».

Imprégnez votre intérieur. Votre décoration pourra exhaler l'aventure avec un chapeau d'Indiana Jones sur le portemanteau. Disposez sur votre bibliothèque des tubes à essai contenant des échantillons de sable lointain (grains d'Olosega à Samoa, d'Ipanema à Rio ou d'Uluwatu à Bali) ou une collection de sachets de sucre d'hôtel du monde entier. Suspendez au mur quelques masques de théâtre, des instruments de musique exotiques ou quelques étuis péniens de Nouvelle-Guinée.

Laissez traîner des indices. Des sacs en plastique du *duty free* de l'aéroport de Johannesbourg aux étiquettes adhésives du numéro de vol sur votre sac à dos. Archivez vos cartes d'embarquement et mesurez régulièrement la largeur de votre collection de guides de voyages. Exhibez et commentez à tout-va les plus beaux tampons de votre passeport.

Agencez bien en vue de beaux et gros livres lourds sur votre table basse en bambou panthère. Faites la part belle aux volumes fédérateurs traitant des volcans, des montagnes, des phares, des déserts ou, plus pointu, des dunes. Optez pour des titres comme *L'Égypte vue du ciel*, *L'Égypte vue d'en haut* ou *L'Égypte entre ciel et mer* (véritable titre passe-partout hormis pour les cités englouties). Enfin, mettez toujours en évidence un beau livre qui révèle votre tempérament tel que *Islande, l'île rebelle*.

Ne jurez plus que par des auteurs comme René Caillé, Evelyn Waugh, Robert Byron, Valery Larbaud, Paul Morand, Nicolas Bouvier, Bruce Chatwin, Jack London, Patrick O'Brien, Ernest Shackleton, Redmond O'Hanlon, Lawrence Durrell, Ryszard Kapuscinski, Alain Gerbault, Alexander Kent, Jonathan Raban, William Seabrook, Cees Nooteboom, Francisco Coloane, Victor Segalen, Bernard Moitessier, Paul Theroux, Ella Maillart… sans en avoir lu une ligne.

Recevez vos amis en chaussons tibétains, pantalon de marin thaïlandais et veste multipoche ou fourrure polaire à motifs aztèques rehaussée par les tonalités chatoyantes d'un foulard ethnique. Préparez-leur une bière de manioc à la manière des femmes de la tribu des Achuar d'Équateur. Au préalable, mâchez longuement le manioc – votre salive va accélérer la fermentation – et servez dans un bol de la taille d'un casque. Ajoutez que chez les Achuar (peuplade très agressive), il est encore plus insultant de reposer le bol plein que de le refuser.

Lovez-vous dans la position de revenant. « Revenir de... » est un statut à prolonger le plus tard possible. Nimbé d'une sorte de halo vibratile, vous êtes encore enduit d'embruns lointains ou de poussière des grandes terres vierges. Entretenez le flou et offrez perpétuellement l'illusion d'un retour de fraîche date. Ce laps élastique peut varier entre trois jours et six mois.

Appliquez le même scénario à votre départ. Des jours, des semaines, des mois avant le décollage, vous « préparez » votre voyage. Vous flottez déjà dans des limbes géographiques et des brumes tendres. Ainsi vous êtes continûment en transit, égaré dans la grande faille spatio-temporelle. Grâce à ce stratagème, vous ne serez réellement présent qu'un week-end par an. À ce titre, ne mentionnez pas votre appartement ou votre maison, mais un simple « pied-à-terre », pour affirmer votre condition de semi-nomade.

Faites-vous toujours pardonner de ne pas avoir séjourné assez longtemps dans un pays si complexe, si riche et si mystérieux. Rallongez quelque peu la durée de votre séjour. Ne dites pas « j'ai passé deux mois en Inde » mais plutôt « j'ai vécu dix semaines et demi en Inde ».

Gagnez la sympathie de votre auditoire en l'associant à votre mini-conférence, en l'invitant à poser des questions. Interrogez pour savoir si votre récit a plu et donné l'envie de faire le même voyage (si tel est le cas, profitez-en pour demander une petite participation financière pour votre prochain périple). Mais ayez soin de mettre en garde le candidat à l'aventure. Une telle expédition exige une rigoureuse préparation en amont et une expérience chevronnée. Pour débuter, suggérez-lui plutôt des petits pays amis comme la Tunisie ou le Liechtenstein.

Soyez patient. La véritable récompense de votre causerie viendra. Un jour ou l'autre, vous serez consulté pour livrer vos conseils et vos bonnes adresses. Ce jour où un tiers vous tapera sur l'épaule pour vous déclarer : « Veux-tu bien m'en dire quelques mots ? »

Partagez vos bons plans. Surtout si on ne vous les demande pas. Comme le *Guide du Routard*, cultivez votre rubrique « Où boire un verre en grignotant un morceau ? ». Si vous n'avez pas d'adresse à proposer, citez invariablement le même petit troquet de Saint-Malo. Précisez que vous adorez l'ambiance des ports car ce climat de navires en partance vous ressemble.

Confessez qu'il n'est pas toujours utile d'aller si loin pour voir autant de belles choses. Plus vous arpentez les déserts, les jungles, les glaciers et les bandes brûlées, plus vous apprenez à redécouvrir vos voisins. Plus vous redécouvrez les gestes ancestraux de votre cordonnier. Sans compter toutes les splendeurs à découvrir en France. Inspirez-vous de la propagande touristique et enfilez les perles. Célébrez la Perle de l'Océan (Royan), la Perle de la Moselle (Remich), la Perle de la côte d'Opale (Le Touquet) ou la Perle du Nord (Valenciennes) que l'on nomme aussi l'Athènes du Nord.

Épiloguez sur le voyage qui a changé votre vie et votre façon d'appréhender le quotidien. Celui dont on ne sort pas indemne. Enrichi d'un trésor infini, ménagez votre coup de grâce en tirant l'enseignement de cette expérience. La clé, le Graal, le *Rosebud* de votre mission. L'aboutissement de votre quête dans ce pays si pauvre et si riche à la fois. Et puisque vous avez fécondé le monde, optez pour un dénouement comme « finalement, on se rend compte que ... la nature humaine est universelle », « ... nous avons peut-être le bonheur matériel, mais là-bas, ils ont le vrai bonheur et la vraie vie ».

Marquez un long silence. Avancez-vous calmement vers une fenêtre. Interrogez l'horizon du regard et concluez : « Le monde est un livre ouvert dont il reste tant de pages à parcourir. Mais le plus beau voyage n'est-il pas celui qu'on n'a pas encore fait ? »

Remerciements

Merci à tous ceux qui, à des titres divers, ont généreusement alimenté ce texte en racontant des voyages : Antoine, Sylvain Augier, Emmanuelle Béart, Richard Bohringer, Charlélie Couture, Bernard Giraudeau, Nicolas Hulot, Titouan Lamazou, Bernard Lavilliers, Agnès Michaud, Loïc et Stéphane Peyron, Nicolas Vannier, le *Figaro Magazine*, *L'Expressmag*, *Géo*, France Inter, France 3, la chaîne Voyage, le *Guide du Routard*, *Lonely Planet*, *Voyageurs du Monde*, le Zango Bar ainsi que les amis et anonymes entendus çà et là.

Achevé d'imprimer en janvier 2006
sur les presses de la **N**ouvelle **I**mprimerie **L**aballery
58500 Clamecy
Dépôt légal : janvier 2006
Numéro d'impression : 601057
ISBN : 2 915850 03 8